46 succhi per prevenire o alleviare i dolori dell'artrite

Il rimedio tutto naturale per controllare l'artrite in modo veloce

di

Joe Correa CSN

COPYRIGHT

© 2018 Live Stronger Faster Inc.

Tutti i diritti riservati

La riproduzione o la traduzione di qualsiasi parte di questo libro, eccetto quanto previsto dai paragrafi 107 e 108 del Copyright Act degli Stati Uniti, senza l'autorizzazione di chi ne detiene i diritti, è illegale

Questa pubblicazione è stata progettata per fornire informazioni accurate e autorevoli riguardo all'argomento trattato. Viene venduto con la consapevolezza che né l'autore né l'editore forniscono consulenza medica. Se è necessaria una consulenza medica o assistenza, consultare un medico. Questo libro è da considerarsi una guida e non deve essere utilizzato in alcun modo che possa essere dannoso per la salute. Consultare un medico prima di iniziare questo piano nutrizionale per essere certi che sia giusto per voi.

RINGRAZIAMENTI

Questo libro è dedicato ai miei amici e ai miei familiari che hanno avuto malattie lievi o gravi, affinché possano trovare le soluzioni e apportare i necessari cambiamenti nella loro vita.

46 succhi per prevenire o alleviare i dolori dell'artrite

Il rimedio tutto naturale per controllare l'artrite in modo veloce

di

Joe Correa CSN

INDICE

Copyright

Ringraziamenti

Informazioni sull'autore

Introduzione

Impegno

46 succhi per prevenire o alleviare i dolori dell'artrite: Il rimedio tutto naturale per controllare l'artrite in modo veloce

Altri titoli di questo autore

INFORMAZIONI SULL'AUTORE

Dopo anni di ricerca, credo onestamente negli effetti positivi che una corretta alimentazione può avere sul corpo e sulla mente. La mia conoscenza ed esperienza mi ha aiutato a vivere in maniera più sana nel corso degli anni e l'ho condivisa con familiari e amici. Più si mangia e si beve in maniera sana tanto più velocemente cambierà la vita e le abitudini alimentari.

La nutrizione è un tassello chiave nel processo di una vita più lunga e più sana, dunque perché non iniziare oggi? Il primo passo è il più importante e il più significativo.

INTRODUZIONE

46 succhi per prevenire o alleviare i dolori dell'artrite: Il rimedio tutto naturale per controllare l'artrite in modo veloce

di Joe Correa CSN

L'artrite è una malattia autoimmune in cui le articolazioni sono simmetricamente influenzate dall'infiammazione e soffrono così di dolore e rigidità. Ci sono circa 100 diversi tipi di artrite, ma quelli più comuni sono l'artrite reumatoide e l'artrosi. A differenza dell'artrite reumatoide che è una malattia autoimmune, l'osteoartrosi è descritta come una malattia degenerativa delle articolazioni. La causa esatta dell'artrite è sconosciuta, ma ci sono molti fattori diversi che possono influenzare la risposta autoimmune, inclusa la suscettibilità genetica. I primi sintomi per entrambi i tipi di problema includono gonfiore doloroso delle articolazioni, rigidità mattutina e infiammazione.

Una corretta alimentazione svolge un ruolo importante nel ridurre il rischio di artrite. La nostra dieta moderna, basata su alimenti di origine animale, zucchero raffinato e alimenti che provocano la risposta del sistema immunitario aumenta la sensibilità all'infiammazione che porta a questa dolorosa malattia. Con una buona nutrizione, coerenza e buone scelte di vita, la tua salute migliorerà significativamente e il tuo corpo avrà la possibilità di resistere all'infiammazione. Inoltre, cibi sani, freschi e non trasformati ridurranno il rischio di obesità che non solo contribuisce all'insorgenza e al progredire dell'artrite, ma aumenta anche il peso delle articolazioni. L'eccesso di peso danneggia direttamente le articolazioni e contribuisce allo sviluppo e al progresso di questa malattia.

Il motivo principale per cui ho creato questa fantastica raccolta di ricette di succhi per la prevenzione dell'artrite è quello di offrire un modo rapido e semplice per ottenere tutti i nutrienti di cui hai bisogno per potenziare il tuo sistema immunitario, purificare il tuo corpo e contemporaneamente perdere un po' di peso. I succhi rappresentano uno dei modi migliori per nutrire il tuo corpo con antiossidanti incredibilmente preziosi e altre sostanze importanti in pochi minuti. Questa raccolta di succhi è particolarmente pratica per le persone con orari impegnativi che hanno ben poco tempo per preparare i pasti. È anche una proposta perfetta per chi non ama mangiare frutta o verdura durante il giorno, ma che comunque vuole assumere enormi quantità di vitamine e minerali nel proprio corpo.

Spero che queste ottime ricette di succhi ti aiutino nei tuoi problemi con l'artrite. Questi succhi faciliteranno la digestione e aiuteranno a eliminare le tossine pericolose che causano infiammazione e artrite. Questo libro ha come scopo quello di farti assumere i nutrienti giusti di cui hai bisogno in un modo conveniente e prevenire l'artrite una volta per tutte.

IMPEGNO

Al fine di migliorare la mia condizione, io *(il tuo nome)*, mi impegno a mangiare maggiori quantità di questi alimenti su base giornaliera e di fare esercizio almeno 30 minuti al giorno:

- Frutti di bosco (soprattutto mirtilli), pesche, ciliegie, mele, albicocche, arance, succo di limone, pompelmo, mandarini, mandarini, pere, ecc.

- Broccoli, spinaci, cavoli verdi, patate dolci, avocado, carciofi, granturco, carote, sedano, cavolfiore, cipolle, ecc.

- Cereali integrali, fiocchi d'avena, quinoa, orzo, ecc.

- Fagioli neri, fagioli rossi, ceci, lenticchie, ecc.

- Frutta secca e semi tra cui: noci, anacardi, semi di lino, semi di sesamo, ecc.

- Pesce

- 8 - 10 bicchieri d'acqua

Firma qui

X_____

46 SUCCHI PER PREVENIRE O ALLEVIARE I DOLORI DELL'ARTRITE: IL RIMEDIO TUTTO NATURALE PER CONTROLLARE L'ARTRITE IN MODO VELOCE

1. **Succo di cetriolo e ciliegia**

Ingredienti:

2 tazze di ciliegie fresche, snocciolate

1 cetriolo grande, affettato

1 limone grande, sbucciato

1 mela granny smith di medie dimensioni, intera

60 ml d'acqua

Preparazione:

Usando un colino, lavare le ciliegie sotto l'acqua corrente fredda. Tagliare a metà e rimuovere i noccioli. Mettere da parte.

Lavare il cetriolo e tagliarlo a fette spesse. Mettere da parte.

Sbucciare il limone e tagliarlo longitudinalmente a metà. Mettere da parte.

Sbucciare la mela e privarla del torsolo. Tagliarla in pezzi di piccole dimensioni e mettere da parte.

A questo punto, unire le ciliegie, il cetriolo, il limone e la mela in uno frullatore e frullare. Trasferire in bicchieri, aggiungere l'acqua, mescolare e servire. Aggiungere alcuni cubetti di ghiaccio prima di servire.

Gustare!

Valori nutrizionali per porzione: Kcal: 296, Proteine: 6,6 g, Carboidrati: 88,4 g, Grassi: 1,4 g

2. Succo d'arancia e albicocca

Ingredienti:

2 grandi arance sbucciate

2 albicocche grandi, snocciolate

1 cucchiaio di semi di melograno

1 tazza di uva verde

1 limone grande, sbucciato

1 piccola fetta di zenzero, sbucciata

Preparazione:

Sbucciare le arance e dividerle in spicchi. Mettere da parte.

Lavare le albicocche e tagliarle a metà. Rimuovere i noccioli e tagliarle in piccoli pezzi. Mettere da parte.

Tagliare la parte superiore del melograno con un coltello affilato. Tagliare ciascuna delle membrane bianche all'interno del frutto. Mettere i semi in una tazza misurino e mettili da parte.

Sbucciare il limone e tagliarlo longitudinalmente a metà. Mettere da parte.

Sbucciare la fetta di zenzero e metterla da parte.

A questo punto unire le arance, le albicocche, il melograno, il limone e lo zenzero in uno spremitore. Frullare fino ad ottenere un succo, versare nei bicchieri e servire. Conservare in frigorifero per 20 minuti prima di servire.

Valori nutrizionali per porzione: Kcal: 294, Proteine: 7,2 g, Carboidrati: 88,9 g, Grassi: 2,3 g

3. Succo di menta e mirtilli

Ingredienti:

1 tazza di mirtilli

1 tazza di menta fresca, tagliata a pezzetti

1 mela rossa grande, intera

1 cetriolo grande, affettato

60 ml di acqua di cocco

Preparazione:

Mettere i mirtilli in uno scolapasta e lavarli sotto l'acqua corrente fredda. Far scolare e mettere da parte.

Lavare accuratamente la menta e strapparla con le mani. Mettere da parte.

Lavare la mela e tagliarla a metà. Rimuovere il torsolo e tagliarla in pezzi di dimensioni ridotte. Mettere da parte.

Lavare il cetriolo e sbucciarlo delicatamente. Tagliare a fette sottili e mettere da parte.

A questo punto unire mirtilli, menta, mela e cetriolo in un frullatore. Frullare fino ad ottenere il succo e versare nei bicchieri. Aggiungere l'acqua di cocco e conservare in frigorifero per 15 minuti, o aggiungere del ghiaccio prima di servire.

Gustare!

Valori nutrizionali per porzione: Kcal: 258, Proteine: 4,7 g, Carboidrati: 74,6 g, Grassi: 1,6 g

4. Succo di mango e fragola

Ingredienti:

6 grandi fragole, tritate

1 tazza di mango, sbucciata e tritata

1 tazza di melone tritato

1 cetriolo grande, affettato

60 ml di acqua di cocco

Preparazione:

Lavare le fragole e tagliarle a pezzetti. Mettere da parte.

Sbucciare il mango e tagliarlo a pezzetti. Riempire la tazza misurino e tenerla da parte.

Tagliare il melone a metà e raccogliere i semi. Tagliare due spicchi e sbucciali. Tagliare a pezzi e riempire una tazza misurino. Mettere il resto del melone in frigorifero.

Lavare il cetriolo e tagliarlo a fette spesse. Mettere da parte.

A questo punto, unire le fragole, il mango, il melone e il cetriolo in un frullatore e frullare fino ad ottenere il succo.

Versare nei bicchieri e aggiungere l'acqua di cocco. Refrigerare per 30 minuti prima di servire.

Gustare!

Valori nutrizionali per porzione: Kcal: 209, Proteine: 5,3 g, Carboidrati: 56,6 g, Grassi: 1,5 g

5. Succo di agrumi e avocado

Ingredienti:

1 tazza di avocado, snocciolato e tritato

1 cetriolo grande, affettato

1 limone grande, sbucciato

1 tazza di spinaci freschi, spezzettati

1 lime grande, sbucciato

1 piccolo pezzo di zenzero, sbucciato

85 ml di acqua

Preparazione:

Sbucciare l'avocado e tagliarlo a metà. Rimuovere il nocciolo, tagliare a pezzi il frutto. Mettere da parte.

Lavare il cetriolo e tagliarlo a fette spesse. Mettere da parte.

Sbucciare il limone e il lime. Tagliare a metà longitudinalmente e mettere da parte.

Lavare accuratamente gli spinaci e strapparli con le mani. Mettere da parte.

Sbucciare lo zenzero e metterlo da parte.

Ora unire avocado, cetriolo, limone, lime, spinaci e zenzero in uno spremitore. Frullare fino ad ottenere il succo e versare nei bicchieri. Mescolare in acqua e conservare in frigorifero per 20 minuti prima di servire.

Gustare!

Valori nutrizionali per porzione: Kcal: 269, Proteine: 6,7 g, Carboidrati: 35 g, Grassi: 22,6 g

6. Succo di curcuma e carciofo

Ingredienti:

1 carciofo grande, sbucciato e tritato

1 tazza di cavoletti di Bruxelles, tagliati

1 carota grande tagliata a fettine

1 tazza di sedano fresco tritato

1 tazza di cime di rapa, tritate

1 mela verde grande, intera

½ cucchiaino di curcuma, macinato

60 ml d'acqua

Preparazione:

Usando un coltello affilato, togliere le foglie esterne del carciofo. Tagliare a pezzetti e mettere da parte.

Togliere le foglie esterne dei cavoletti di Bruxelles e lavarli accuratamente. Tagliare a metà e mettere da parte.

Lavare la carota e tagliarla a fettine sottili. Mettere da parte.

Lavare il sedano e tagliarlo a pezzetti. Mettere da parte.

Lavare la mela e tagliarla a metà. Rimuovere il torsolo e tagliarla in pezzi di dimensioni ridotte. Mettere da parte.

Lavare accuratamente le cime di rapa e strapparle con le mani. Mettere da parte.

A questo punto unire il carciofo, i cavoletti di Bruxelles, la carota, il sedano, le cime di rapa e la mela in uno spremitore. Frullare fino ad ottenere un succo, versare nei bicchieri e servire. Mescolare la curcuma e l'acqua. Aggiungi del ghiaccio prima di servire.

Valori nutrizionali per porzione: Kcal: 205, Proteine: 11,3 g, Carboidrati: 66,7 g, Grassi: 1,4 g

7. Succo d'arancia e anguria

Ingredienti:

2 tazze di anguria, tritate

1 arancia grande, pelata

1 tazza di lamponi

1 kiwi grande, pelato

60 ml di acqua di cocco

Preparazione:

Tagliare l'anguria per il lungo. Per 2 tazze, avrai bisogno di circa 2 grandi fette. Sbucciare e tagliare a pezzi. Rimuovere i semi e mettere da parte. Conservare il resto dell'anguria per altri succhi. Mettere da parte.

Sbucciare l'arancia e dividerla in spicchi. Mettere da parte.

Lavare accuratamente i lamponi sotto acqua corrente fredda. Far scolare e mettere da parte.

Sbucciare il kiwi e tagliare longitudinalmente a metà. Mettere da parte.

Ora, unire l'anguria, l'arancia, i lamponi e il kiwi in uno spremitore. Frullare fino ad ottenere il succo e versare nei bicchieri. Aggiungere l'acqua di cocco e conservare in frigorifero per 15 minuti prima di servire.

Valori nutrizionali per porzione: Kcal: 232, Proteine: 5,8 g, Carboidrati: 71,4 g, Grassi: 1,8 g

8. Succo di pomodoro e barbabietole, salato

Ingredienti:

2 tazze di barbabietole, tagliate

1 pomodoro Roma grande, tritato

1 cetriolo grande, affettato

3 ravanelli grandi, tagliati

½ cucchiaino di rosmarino fresco tritato

¼ di cucchiaino di sale

30 ml di acqua

Preparazione:

Lavare le barbabietole e tagliare le parti verdi. Tagliare a pezzetti e mettere da parte.

Lavare il pomodoro e metterlo in una ciotola. Tagliare pezzi di dimensioni piccolissime e conservare il succo di pomodoro mentre si taglia. Mettere da parte.

Lavare il cetriolo e tagliarlo a fettine sottili. Mettere da parte.

Lavare i ravanelli e tagliare le estremità verdi. Tagliare a metà e mettere da parte.

Ora unire barbabietole, pomodori, cetrioli, ravanelli e rosmarino in uno spremitore. Frullare fino ad ottenere un succo, versare nei bicchieri e servire. Mescolare il sale e l'acqua. Refrigerare per 10 minuti prima di servire.

Gustare!

Valori nutrizionali per porzione: Kcal: 152, Proteine: 8,2 g, Carboidrati: 44,9 g, Grassi: 1,2 g

9. Succo di zucca e pepe

Ingredienti:

3 peperoni grandi tagliati a pezzetti

1 tazza di zucca, tagliata a cubetti

1 tazza di pastinaca, affettata

1 cucchiaio di prezzemolo fresco tritato finemente

60 ml d'acqua

Preparazione:

Lavare i peperoni rossi e tagliarli a metà longitudinalmente. Rimuovere i semi e tagliare in piccoli pezzi.

Sbucciare la zucca e togliere i semi con un cucchiaio. Tagliare a cubetti e riempire la tazza misurino. Tenere il resto della zucca per qualche altra ricetta. Avvolgere in un foglio di plastica e conservare in frigorifero.

Lavare la pastinaca e sbucciarla. Tagliare a fette sottili e mettere da parte.

Ora, unire peperoni, zucca, pastinaca e prezzemolo in uno spremitore. Frullare fino ad ottenere un succo, versare nei bicchieri e servire. Versare l'acqua, mescolare e aggiungere un po' di ghiaccio.

Servire immediatamente.

Valori nutrizionali per porzione: Kcal: 238, Proteine: 7.9g, Carboidrati: 70.2g, Grassi: 2.1g

10. Succo di melograno e papaia

Ingredienti:

1 papaia grande, sbucciata e tritata

1 cucchiaio di semi di melograno

1 mela verde grande, intera

1 cucchiaio di menta fresca tritata

60 ml d'acqua

Preparazione:

Sbucciare la papaia e tagliarla per metà. Togliere con un cucchiaio i semi neri. Tagliare in piccoli pezzi e mettere da parte.

Tagliare la parte superiore del melograno con un coltello affilato. Tagliare ciascuna delle membrane bianche all'interno del frutto. Mettere i semi in una tazza misurino e mettili da parte.

Lavare la mela e tagliarla a metà. Usando un coltello affilato, rimuovere il torsolo e tagliare la mela in piccoli pezzi. Mettere da parte.

Ora, unire la papaia, il melograno, la mela e la menta in uno spremitore. Frullare fino ad ottenere un succo, versare nei bicchieri e servire. Aggiungere l'acqua e conservare in frigorifero per 15 minuti prima di servire.

Valori nutrizionali per porzione: Kcal: 438, Proteine: 6.1 g, Carboidrati: 129 g, Grassi: 3.4 g

11. Succo di mora e prugna

Ingredienti:

5 prugne grandi, snocciolate

2 tazze di more

1 limone grande, sbucciato

1 tazza di uva nera

1 mela golden delicious di media grandezza, intera

60 ml d'acqua

1 cucchiaio di miele liquido

Preparazione:

Lavare le prugne e tagliarle a metà. Rimuovere i noccioli e tagliare a pezzetti. Mettere da parte.

Lavare accuratamente le more sotto acqua corrente fredda. Far scolare e mettere da parte.

Sbucciare il limone e tagliarlo longitudinalmente a metà. Mettere da parte.

Lavare l'uva nera e mettere da parte.

Lavare la mela e tagliarla a metà. Rimuovere il torsolo e tagliarla in pezzi di dimensioni ridotte. Mettere da parte.

Ora, combinare prugne, more, limone, uva nera e mela in uno spremitore. Frullare fino ad ottenere un succo, versare nei bicchieri e servire. Aggiungere il miele e l'acqua e mescolare. Aggiungere un po' di ghiaccio e servire immediatamente.

Gustare!

Valori nutrizionali per porzione: Kcal: 344, Proteine: 8 g, Carboidrati: 110 g, Grassi: 3.1 g

12. Succo di lime e ananas

Ingredienti:

1 tazza di pezzi di ananas

2 grandi lime, sbucciati

1 tazza di guava, tritata

1 cetriolo grande, affettato

1 cucchiaio di basilico fresco, tritato finemente

60 ml d'acqua

Preparazione:

Tagliare la parte superiore di un ananas e sbucciala usando un coltello affilato. Tagliare in piccoli pezzi e riempire la tazza misurino. Conservare il resto dell'ananas in frigorifero.

Sbucciare i lime e tagliarli a metà longitudinalmente. Mettere da parte.

Lavare la guava e tagliarla a pezzi. Riempire la tazza misurino e conservare il resto in frigorifero per qualche altra ricetta.

Lavare il cetriolo e tagliarlo a fettine sottili. Mettere da parte.

Ora, combinare ananas, lime, guava, cetriolo e basilico in uno spremitore. Frullare fino ad ottenere un succo, versare nei bicchieri e servire. Aggiungere l'acqua e conservare in frigorifero per 15 minuti prima di servire.

Valori nutrizionali per porzione: Kcal: 158, Proteine: 4,7 g, Carboidrati: 47,9 g, Grassi: 1,1 g

13. Succo di pera e mirtillo rosso

Ingredienti:

1 tazza di mirtilli rossi

1 pera grande, intera

1 mela verde grande, intera

3 grandi fragole, tritate

1 arancia grande, pelata

¼ cucchiaino di noce moscata, macinato

60 ml di acqua di cocco

Preparazione:

Lavare accuratamente i mirtilli sotto acqua corrente fredda. Far scolare e mettere da parte.

Lavare la pera e tagliarla per metà. Rimuovere il torsolo e tagliarla in pezzi di dimensioni ridotte. Mettere da parte.

Lavare la mela e tagliarla a metà. Rimuovere il torsolo e tagliarla in pezzi di dimensioni ridotte. Mettere da parte.

Lavare accuratamente le fragole e tagliarle a pezzetti. Mettere da parte.

Sbucciare l'arancia e dividerla in spicchi. Mettere da parte.

Ora, unire pera, mela, fragole, arancia e noce moscata in uno spremitore. Frullare fino ad ottenere un succo, versare nei bicchieri e servire. Mescolare in acqua e refrigerare o aggiungere del ghiaccio prima di servire.

Valori nutrizionali per porzione: Kcal: 158, Proteine: 4,7 g, Carboidrati: 47,9 g, Grassi: 1,1 g

14. Succo d'arancia e carota

Ingredienti:

5 carote grandi, sbucciate

1 arancia grande, pelata e tagliata a spicchi

1 limone grande, sbucciato

1 tazza di lattuga romana, strappata

1 cetriolo grande, affettato

¼ cucchiaino di curcuma, macinato

Preparazione:

Sbucciare e lavare le carote. Tagliarle a fette sottili e mettere da parte.

Sbucciare l'arancia e dividerla in spicchi. Mettere da parte.

Sbucciare il limone e tagliarlo longitudinalmente a metà. Mettere da parte.

Lavare accuratamente la lattuga e strapparla con le mani. Mettere da parte.

Lavare il cetriolo e tagliarlo a fettine sottili. Mettere da parte.

A questo punto, unire le carote, l'arancia, il limone, la lattuga e il cetriolo in uno spremitore. Frullare fino ad ottenere il succo e versare nei bicchieri. Aggiungere la curcuma e del ghiaccio prima di servire. Gustare!

Valori nutrizionali per porzione: Kcal: 232, Proteine: 8,2 g, Carboidrati: 74 g, Grassi: 1,7 g

15. Succo di asparagi e cavolo verde

Ingredienti:

1 tazza di asparagi, tagliati

1 tazza di cavolo verde tagliato a pezzetti

1 tazza di crescione, tagliato a pezzetti

1 peperone verde tagliato a pezzetti

1 cetriolo grande, affettato

60 ml d'acqua

¼ di cucchiaino di sale

Preparazione:

Lavare gli asparagi e tagliare le estremità legnose. Tagliare in pezzi di dimensioni piccole e riempire la tazza misurino. Conservare il resto per qualche altro succo.

Unire il cavolo verde e il crescione in un colino. Lavare abbondantemente sotto acqua corrente fredda e tagliare con le mani. Mettere da parte.

Lavare il peperone e tagliarlo a metà longitudinalmente Rimuovere i semi e tagliare in piccoli pezzi. Mettere da parte.

Lavare il cetriolo e tagliarlo a fettine sottili. Mettere da parte.

A questo punto, unire gli asparagi, i cavoli verdi, il peperone e il cetriolo in uno spremitore frullare fino ad ottenere un succo. Versare nei bicchieri ed aggiungere il sale e l'acqua. Refrigerare per 15 minuti prima di servire.

Valori nutrizionali per porzione: Kcal: 86, Proteine: 8,2 g, Carboidrati: 26,1 g, Grassi: 1 g

16. Frullato di patate dolci e verdure

Ingredienti:

1 tazza di patate dolci, sbucciate

1 finocchio grande, tritato

1 tazza di bietola svizzera, strappata

1 tazza di lattuga rossa, strappata

1 tazza di spinaci freschi, spezzettati

1 piccola testa di cavolfiore, tritata

1 limone grande, sbucciato

Preparazione:

Sbucciare la patata dolce e tagliarla a pezzetti. Riempire la tazza misurino e conservare il resto per un altro succo.

Lavare il finocchio e togliere la parte esterna. Tagliare in piccoli pezzi e mettere da parte.

Mettere la bietola, la lattuga rossa e gli spinaci in un colino. Lavare sotto l'acqua corrente fredda e scolare. Strappare le verdure a pezzi con le mani e mettere da parte.

Togliere le foglie esterne del cavolfiore. Lavarlo e tagliarlo a pezzetti. Mettere da parte.

Sbucciare il limone e tagliarlo longitudinalmente a metà. Mettere da parte.

A questo punto unire la patata, il finocchio, la bietola, il cavolfiore e il limone in uno spremitore e lavorarlo fino a quando non è ben frullato. Versare nei bicchieri e aggiungere del ghiaccio prima di servire.

Valori nutrizionali per porzione: Kcal: 218, Proteine: 14,3 g, Carboidrati: 67,7 g, Grassi: 1,9 g

17. Succo di germogli e cavoletti di Bruxelles

Ingredienti:

1 finocchio, tritato

1 tazza di cavoletti di Bruxelles, tagliati a metà

1 peperone giallo grande, tritato

1 cetriolo grande, affettato

¼ di cucchiaino di sale

60 ml d'acqua

Preparazione:

Tagliare gli steli di finocchio e togliere le parti esterne Tagliarla in pezzi di piccole dimensioni e mettere da parte.

Tagliare le foglie esterne e lavare i cavoletti di Bruxelles. Tagliare a metà e mettere da parte.

Lavare il peperone e tagliare longitudinalmente a metà. Rimuovere i semi e tagliare in piccoli pezzi. Mettere da parte.

Lavare il cetriolo e tagliarlo a fettine sottili. Mettere da parte.

A questo punto unire finocchio, cavoletti di Bruxelles, peperoni e cetriolo in uno spremitore. Frullare fino ad ottenere un succo ed aggiungere sale e acqua. Conservare in frigorifero per 10 minuti prima di servire.

Valori nutrizionali per porzione: Kcal: 151, Proteine: 9,7 g, Carbo: 47,6 g, Grassi: 1,4 g

18. Succo di pesca e anguria

Ingredienti:

1 tazza di anguria, a cubetti

2 pesche grandi, snocciolate

1 mela verde grande, intera

5 ciliegie fresche, snocciolate

85 ml di acqua di cocco

Preparazione:

Tagliare l'anguria per il lungo. Per una tazza servirà un grosso spicchio. Sbucciare e tagliare a pezzi. Rimuovere i semi e mettere da parte. Conservare il resto dell'anguria per altri succhi.

Lavare le pesche e tagliarle a metà. Rimuovere i noccioli e tagliarle in pezzi di dimensioni ridotte. Mettere da parte.

Lavare la mela e tagliarla a metà. Rimuovere il torsolo e tagliarla in pezzi di dimensioni ridotte. Mettere da parte.

Lavare le ciliegie e tagliarle a metà. Togliere i noccioli e mettere da parte.

A questo punto unire anguria, pesche, mele e ciliegie in uno spremitore. Versare nei bicchieri e aggiungere l'acqua di cocco. Aggiungere un po' di ghiaccio e servire immediatamente.

Valori nutrizionali per porzione: Kcal: 276, Proteine: 5,4 g, Carboidrati: 47,6 g, Grassi: 1,6 g

19. Succo di mela e spinaci

Ingredienti:

1 tazza di spinaci freschi, spezzettati

1 mela rossa grande, intera

1 tazza di asparagi selvatici, tagliati

1 tazza di cavolo verde tagliato a pezzetti

1 tazza foglie di senape tagliate a pezzetti.

60 ml d'acqua

Preparazione:

Unire spinaci, cavoli e senape in un grande colino. Lavare sotto l'acqua corrente fredda e scolare. Strappare le verdure a pezzi con le mani e mettere da parte.

Lavare la mela e tagliarla a metà. Rimuovere il torsolo e tagliarla in pezzi di dimensioni ridotte. Mettere da parte.

A questo punto unire spinaci, cavolo, verde senape e mela in uno spremitore e frullare fino ad ottenere un succo. Versare nei bicchieri e aggiungere acqua. Refrigerare per 15 minuti prima di servire.

Gustare!

Valori nutrizionali per porzione: Kcal: 207, Proteine: 16,1 g, Carboidrati: 58,6 g, Grassi: 2,5 g

20. Succo di cavolo e prugna

Ingredienti:

5 prugne grandi, snocciolate

1 tazza di cavolo viola, tritato

1 tazza di more

1 cetriolo grande, affettato

60 ml d'acqua

Preparazione:

Lavare le prugne e tagliarle a metà. Rimuovere i noccioli e tagliarle in quarti. Mettere da parte.

Lavare accuratamente la verdura sotto acqua corrente fredda. Scolarla e tritarla grossolanamente. Mettere da parte.

Lavare le more sotto l'acqua corrente fredda usando un colino. Far scolare e mettere da parte.

Lavare il cetriolo e tagliarlo a fettine sottili. Mettere da parte.

Ora, combinare prugne, cavoli, more e cetrioli in uno spremitore e frullare fino ad ottenere un succo. Versare nei bicchieri e aggiungere acqua. Refrigerare per 15 minuti prima di servire.

Valori nutrizionali per porzione: Kcal: 221, Proteine: 7,5 g, Carboidrati: 69,1 g, Grassi: 2,1 g

21. Succo di pomodoro e zucca

Ingredienti:

1 tazza di zucca crookneck, tritata

1 pomodoro grande, tritato

1 limone grande, sbucciato

1 arancia grande, pelata

1 pera grande, tagliata a pezzi e tritata

60 ml d'acqua

1 cucchiaio di miele liquido

Preparazione:

Lavare la zucca e tagliarla a metà. Togliere i semi con un cucchiaio. Tagliare in piccoli pezzi e riempire la tazza misurino. Conservare il resto per un altro succo.

Lavare il pomodoro e metterlo in una ciotola. Tagliare in pezzi di piccole dimensioni e conservare il succo durante il taglio. Mettere da parte.

Sbucciare il limone e tagliarlo longitudinalmente a metà. Mettere da parte.

Sbucciare l'arancia e dividerla in spicchi. Mettere da parte.

Lavare la pera e tagliarla per metà. Rimuovere il torsolo e tagliarla in pezzi di dimensioni ridotte. Mettere da parte.

A questo punto aggiungere la zucca crookneck, pomodoro, limone, arancia e pera in uno spremitore. Frullare fino ad ottenere un succo, versare nei bicchieri e servire. Aggiungere l'acqua e il miele. Aggiungere un po' di ghiaccio e servire immediatamente.

Valori nutrizionali per porzione: Kcal: 201, Proteine: 5,9 g, Carboidrati: 66,1 g, Grassi: 1,3 g

22. Succo di porro e cavolfiore

Ingredienti:

1 piccola testa di cavolfiore, tritata

3 porri grandi, tritati

1 lime grande, sbucciato

1 zucchina grande, tritata

60 ml d'acqua

Preparazione:

Togliere le foglie esterne del cavolfiore. Lavarlo e tagliarlo a pezzetti. Mettere da parte.

Lavare i porri e tagliarli a pezzetti. Mettere da parte.

Sbucciare il lime e tagliarlo per metà Mettere da parte.

Sbucciate le zucchine e tagliarle a metà. Togliere i semi e tagliarli a pezzetti. Mettere da parte.

Ora, unire cavolfiore, porri, lime e zucchine in uno spremitore. Frullare fino ad ottenere un succo e aggiungere l'acqua. Conservare in frigorifero per 10 minuti prima di servire.

Gustare!

Valori nutrizionali per porzione: Kcal: 241, Proteine: 13,2 g, Carboidrati: 64,7 g, Grassi: 2,6 g

23. Succo di barbabietola e lampone

Ingredienti:

2 tazze di lamponi

1 mela verde grande, intera

1 tazza di barbabietole, tritate

1 tazza di basilico fresco, spezzettato

1 limone grande, sbucciato

85 ml di acqua

Preparazione:

Lavare i lamponi sotto l'acqua corrente fredda usando un colino. Far scolare e mettere da parte.

Lavare la mela e tagliarla a metà. Rimuovere il torsolo e tagliarla in pezzi di dimensioni ridotte. Mettere da parte.

Lavare le barbabietole e tagliare le estremità verdi. Tagliare a pezzetti e riempire la tazza misurino. Conservare la verdura per qualche altro succo.

Lavare accuratamente il basilico sotto l'acqua corrente fredda e strappato con le mani. Mettere da parte.

Sbucciare il limone e tagliarlo longitudinalmente a metà. Mettere da parte.

A questo punto unire i lamponi, la mela, le barbabietole, il basilico e il limone in uno spremitore. Frullare fino ad ottenere un succo. Aggiungere l'acqua e conservare in frigorifero per 10 minuti prima di servire.

Gustare!

Valori nutrizionali per porzione: Kcal: 218, Proteine: 7,5 g, Carboidrati: 76,4 g, Grassi: 2,5 g

24. Succo di melograno e albicocca

Ingredienti:

1 albicocca grande, snocciolata

1 cucchiaio di semi di melograno

1 limone grande, sbucciato

1 arancia grande, tagliata in spicchi

1 carota grande, sbucciata

60 ml di acqua di cocco

Preparazione:

Lavare l'albicocca e tagliarla a metà. Rimuovere il nocciolo e tagliarla a pezzetti. Mettere da parte.

Tagliare la parte superiore del melograno con un coltello affilato. Tagliare ciascuna delle membrane bianche all'interno del frutto. Mettere i semi nella tazza misurino e mettili da parte.

Sbucciare il limone e tagliarlo longitudinalmente a metà. Mettere da parte.

Sbucciare l'arancia e dividerla in spicchi. Mettere da parte.

Sbucciare e lavare la carota. Tagliare a fette sottili e mettere da parte.

A questo punto unire l'albicocca, i semi di melograno, il limone, l'arancia e la carota in uno spremitore. Frullare fino ad ottenere un succo, versare nei bicchieri e servire. Mescolare l'acqua di cocco e aggiungere alcuni cubetti di ghiaccio prima di servire.

Valori nutrizionali per porzione: Kcal: 241, Proteine: 7.3g, Carbo: 73.9g, Grassi: 2.3g

25. Succo di broccoli Kale

Ingredienti:

2 tazze di broccoli, tagliati

1 tazza di cavolo fresco, spezzettati

1 tazza di prezzemolo fresco, spezzettato

1 mela verde tritata

1 tazza di spinaci freschi, spezzettati

60 ml d'acqua

Preparazione:

Lavare i broccoli con acqua corrente fredda e tagliarli a pezzetti. Mettere da parte.

Unire prezzemolo, cavolo verde e spinaci in un colino e lavare con acqua corrente fredda. Scolare e strappare con le mani. Mettere da parte.

Lavare la mela e tagliarla a metà. Rimuovere il torsolo e tagliarla in pezzi di dimensioni ridotte. Mettere da parte.

A questo punto unisci i broccoli, il cavolo, il prezzemolo, la mela e gli spinaci in uno spremitore. Frullare fino ad ottenere un succo e aggiungere l'acqua.

Conservare in frigorifero per 20 minuti prima di servire.

Valori nutrizionali per porzione: Kcal: 223, Proteine: 20,4 g, Carboidrati: 62,1 g, Grassi: 3,5 g

26. Succo di ciliegia e mango

Ingredienti:

1 tazza di mango, tritato

1 tazza di ciliegie fresche, snocciolate

2 tazze di uva verde

1 limone grande, sbucciato

60 ml d'acqua

Preparazione:

Lavare il mango e tagliarlo a pezzi. Riempire la tazza misurino e conservare il resto per un altro succo. Mettere da parte.

Lavare le ciliegie e tagliarle a metà. Togliere i noccioli e mettere da parte.

Lavare l'uva e riempire il misurino. Conservare il resto per qualche altro succo. Mettere da parte.

Sbucciare il limone e tagliarlo longitudinalmente a metà. Mettere da parte.

A questo punto unire il mango, le ciliegie, l'uva e il limone in uno spremitore e frullare fino a ottenere un succo.

Trasferire in bicchieri, aggiungere l'acqua, mescolare e servire.

Aggiungere alcuni cubetti di ghiaccio e servire immediatamente.

Valori nutrizionali per porzione: Kcal: 302, Proteine: 4,8 g, Carboidrati: 86,3 g, Grassi: 1,7 g

27. Succo di mela e pompelmo

Ingredienti:

2 pompelmi grandi, pelati

1 mela rossa grande, intera

2 grandi fragole, tritate

1 piccolo pezzo di zenzero, sbucciato

60 ml di acqua di cocco

Preparazione:

Sbucciare i pompelmi e dividerli a spicchi. Mettere da parte.

Lavare la mela e tagliarla a metà. Rimuovere il torsolo e tagliarla in pezzi di dimensioni ridotte. Mettere da parte.

Lavare le fragole e tagliarle a pezzetti. Mettere da parte.

Sbucciare lo zenzero e metterlo da parte.

A questo punto unire pompelmo, mela, fragole e zenzero in uno spremitore. Frullare fino ad ottenere un succo, versare nei bicchieri e servire. Aggiungere l'acqua di cocco e conservare in frigorifero per 15 minuti, o aggiungere del ghiaccio prima di servire.

Valori nutrizionali per porzione: Kcal: 302, Proteine: 4,8 g, Carboidrati: 86,3 g, Grassi: 1,7 g

28. Succo di zucca e noce moscata

Ingredienti:

2 tazze di zucca, a cubetti

1 mela verde grande, intera

1 cetriolo grande, affettato

1 tazza di bietola svizzera, strappata

60 ml d'acqua

¼ cucchiaino di noce moscata, macinato

Preparazione:

Sbucciare la zucca e tagliala a metà. Togliere i semi con un cucchiaio. Tagliare una fetta grande di cocomero e sbucciala. Tagliare a cubetti e riempire la tazza misurino. Conservare il resto per qualche altro succo.

Lavare la mela e tagliarla a metà. Rimuovere il torsolo e tagliarla in pezzi di dimensioni ridotte. Mettere da parte.

Lavare il cetriolo e tagliarlo a fettine sottili. Mettere da parte.

Lavare accuratamente la bietola sotto acqua corrente fredda. Scolare e strappare con le mani. Mettere da parte.

A questo punto unire zucca, mele, cetrioli e bietole svizzere in uno spremitore. Frullare fino ad ottenere un succo, aggiungere l'acqua e noce moscata. Conservare in frigorifero per 15 minuti prima di servire.

Valori nutrizionali per porzione: Kcal: 196, Proteine: 5,8 g, Carboidrati: 55,4 g, Grassi: 1,1 g

29. Succo di fagioli verdi e sedano

Ingredienti:

2 tazze di sedano, tritate

1 tazza di fagiolini, tritati

1 tazza di menta fresca, tagliata a pezzetti

1 tazza di bietole, spezzettate

1 cetriolo grande, affettato

60 ml d'acqua

¼ di cucchiaino di sale

Preparazione:

Lavare il sedano e tagliarlo a pezzi. Mettere da parte.

Lavare i fagiolini e tagliarli a pezzi di dimensioni piccole. Mettere da parte.

Unire menta e bietole in un colino. Lavare sotto l'acqua corrente fredda e spezzettare con le mani. Mettere da parte.

Lavare il cetriolo e tagliarlo a fettine sottili. Mettere da parte.

A questo punto unire sedano, fagiolini verdi, menta, barbabietole e cetriolo in uno spremitore. Frullare fino ad ottenere un succo, versare nei bicchieri e servire. Mescolare in acqua e sale.

Conservare in frigorifero per 10 minuti prima di servire.

Valori nutrizionali per porzione: Kcal: 91, Proteine: 6.1g, Carboidrati: 26.1g, Grassi: 1g

30. Succo di pesca e fragola

Ingredienti:

1 tazza di fragole tritate

2 pesche grandi, snocciolate

1 mela verde grande, intera

1 limone grande, sbucciato

1 kiwi grande, pelato

1 arancia grande, pelata

60 ml d'acqua

Preparazione:

Lavare le fragole sotto l'acqua corrente fredda. Rimuovere le parti verdi e tagliarle a pezzi di dimensioni ridotte. Mettere da parte.

Lavare le pesche e tagliarle a metà. Rimuovere i noccioli e tagliarle in piccoli pezzi Mettere da parte.

Lavare la mela e tagliarla a metà. Rimuovere il torsolo e tagliarla in pezzi di dimensioni ridotte. Mettere da parte.

Sbucciare il limone e il kiwi. Tagliare a metà longitudinalmente e mettere da parte.

A questo punto unire le fragole, le pesche, la mela, il limone e il kiwi in uno spremitore frullare fino ad ottenere un succo. Trasferire in bicchieri, aggiungere l'acqua, mescolare e servire. Aggiungere un po' di ghiaccio e servire immediatamente.

Gustare!

Valori nutrizionali per porzione: Kcal: 345, Proteine: 7.8 g, Carboidrati: 105 g, Grassi: 2.3 g

31. Succo di limone e pepe

Ingredienti:

1 peperone rosso grande

1 limone grande, sbucciato

1 tazza di barbabietole, tritate

1 cetriolo grande, affettato

¼ di tazza di aceto balsamico

¼ di cucchiaino di sale

60 ml d'acqua

Preparazione:

Lavare il peperone e tagliarlo a metà. Rimuovere i semi e tagliare in piccoli pezzi. Mettere da parte.

Sbucciare il limone e tagliarlo longitudinalmente a metà. Mettere da parte.

Lavare le barbabietole e tagliare le estremità verdi. Tagliare in pezzi di dimensioni piccole e riempire la tazza misurino. Conservare il resto per qualche altro succo. Mettere da parte.

Lavare il cetriolo e tagliarlo a fettine sottili. Mettere da parte.

A questo punto unire peperone, limone, barbabietola e cetriolo in uno spremitore. Frullare fino ad ottenere un succo, versare nei bicchieri e servire. Incorporare l'aceto balsamico, il sale e l'acqua.

Conservare in frigorifero per 20 minuti prima di servire.

Valori nutrizionali per porzione: Kcal: 130, Proteine: 6,4 g, Carboidrati: 39,2 g, Grassi: 1,2 g

32. Succo di albicocca e mora

Ingredienti:

1 tazza di more

1 tazza di lamponi

3 grandi albicocche, snocciolate

1 mela rossa grande, intera

3 carote grandi, sbucciate

Preparazione:

Unire more e lamponi in un colino. Lavare sotto l'acqua corrente fredda e scolare leggermente. Mettere da parte.

Lavare le albicocche e tagliarle a metà. Rimuovere i noccioli e tagliarle in pezzi di dimensioni ridotte. Mettere da parte.

Lavare la mela e tagliarla a metà. Rimuovere l'anima e tagliarla a pezzi piccoli.

Lavare e sbucciare le carote. Tagliare a fette sottili e mettere da parte.

A questo punto unire more, lamponi, albicocche, mele e carote in uno spremitore. Frullare fino ad ottenere un succo, versare nei bicchieri e servire. Mescolare in acqua e conservare in frigorifero per 20 minuti prima di servire.

Gustare!

Valori nutrizionali per porzione: Kcal: 301, Proteine: 7,6 g, Carboidrati: 97,4 g, Grassi: 2,9 g

33. Succo di avocado e fragola

Ingredienti:

5 grandi fragole, tritate

1 tazza di avocado, snocciolato

1 tazza di menta fresca tritata

1 mela grande, intera

1 limone grande, sbucciato

1 cetriolo grande, affettato

Preparazione:

Lavare le fragole e tagliarle a pezzetti. Mettere da parte.

Sbucciare l'avocado e tagliarlo per metà. Rimuovere il nocciolo, tagliarlo a pezzi e riempire il misurino. Conservare il resto per dopo.

Lavare accuratamente la menta e strapparla con le mani. Mettere da parte.

Lavare la mela e tagliarla a metà. Rimuovere il torsolo e tagliarla in pezzi di dimensioni ridotte. Mettere da parte.

Sbucciare il limone e tagliarlo longitudinalmente a metà. Mettere da parte.

Lavare il cetriolo e tagliarlo a fettine sottili. Mettere da parte.

A questo punto unire le fragole, l'avocado, la menta, il limone e il cetriolo in uno spremitore e frullare fino ad ottenere un succo. Trasferire in bicchieri, aggiungere l'acqua, mescolare e servire. Aggiungere un po' di ghiaccio e servire immediatamente.

Valori nutrizionali per porzione: Kcal: 376, Proteine: 8,1 g, Carboidrati: 67,8 g, Grassi: 23,3 g

34. Succo di carota e melone cantalupo

Ingredienti:

1 tazza di melone, a cubetti

3 carote grandi, affettate

1 arancia grande, pelata

1 mela verde grande, intera

60 ml di acqua di cocco

Preparazione:

Tagliare il melone a metà. Togliere i semi ed estrarre la polpa. Tagliare due spicchi e sbucciarli. Tagliare a dadini e mettere da parte. Mettere il resto del melone in frigorifero.

Lavare e sbucciare le carote. Tagliare a fette sottili e mettere da parte.

Sbucciare l'arancia e dividerla in spicchi. Mettere da parte.

Lavare la mela e tagliarla a metà. Rimuovere il torsolo e tagliarla in pezzi di dimensioni ridotte. Mettere da parte.

A questo punto unire melone, carote, arancia e mela in uno spremitore. Lavorare fino a quando non si è ben frullato e mescolare nell'acqua di cocco.

Valori nutrizionali per porzione: Kcal: 277, Proteine: 6 g, Carboidrati: 83 g, Grassi: 1.4 g

35. Succo di melograno e pepe

Ingredienti:

1 cucchiaio di semi di melograno

1 peperone rosso grande

1 tazza di mirtilli rossi

4 prugne grandi, snocciolate

1 mela verde grande, intera

Preparazione:

Tagliare la parte superiore del melograno con un coltello affilato. Tagliare ciascuna delle membrane bianche all'interno del frutto. Mettere i semi in una tazza misurino e mettili da parte.

Lavare il peperone e tagliare longitudinalmente a metà. Rimuovere i semi e tagliarli a pezzetti. Mettere da parte.

Lavare accuratamente i mirtilli e scolarli. Mettere da parte.

Lavare le prugne e tagliarle a metà. Rimuovere i noccioli e tagliarle in pezzi di dimensioni ridotte. Mettere da parte.

Lavare la mela e tagliarla a metà. Rimuovere il torsolo e tagliarla in pezzi di dimensioni ridotte. Mettere da parte.

A questo punto unire melograno, mirtilli, prugne e mela in uno spremiagrumi. Frullare fino ad ottenere un succo e aggiungere del ghiaccio prima di servire.

Gustare!

Valori nutrizionali per porzione: Kcal: 277, Proteine: 6 g, Carboidrati: 83 g, Grassi: 1.4 g

36. Succo di kiwi e zucchine

Ingredienti:

1 zucchina grande

3 grandi kiwi, pelati

1 lime grande, sbucciato

1 cucchiaio di semi di melograno

1 arancia grande, pelata

Preparazione:

Lavare le zucchine e tagliarle a metà. Togliere i semi con un cucchiaio. Tagliare in piccoli pezzi e mettere da parte.

Sbucciare i kiwi e il lime. Tagliare a metà longitudinalmente e mettere da parte.

Tagliare la parte superiore del melograno con un coltello affilato. Tagliare ciascuna delle membrane bianche all'interno del frutto. Mettere i semi in una tazza misurino e mettili da parte.

Sbucciare l'arancia e dividerla in spicchi. Mettere da parte.

A questo punto inserire kiwi, le zucchine, la calce, i semi di melograno e l'arancia in uno spremitore.

Trasferire in un bicchiere da portata e aggiungere alcuni cubetti di ghiaccio prima di servire.

Valori nutrizionali per porzione: Kcal: 183, Proteine: 8,5 g, Carboidrati: 52,6 g, Grassi: 1,6 g

37. Succo di mango e mirtillo

Ingredienti:

1 tazza di mango, tritato

1 tazza di mirtilli

1 cetriolo grande, affettato

1 mela verde grande, intera

60 ml d'acqua

Preparazione:

Lavare il mango e tagliarlo a pezzi. Riempire la tazza misurino e conservare il resto per un altro succo. Mettere da parte.

Mettere i mirtilli in uno scolapasta e lavali sotto l'acqua corrente fredda. Far scolare e mettere da parte.

Sbucciare la mela e privarla del torsolo. Tagliarla in pezzi di piccole dimensioni e mettere da parte.

A questo punto unire mango, mirtilli e mela in uno spremitore e frullare fino ad ottenere un succo.

Versare in bicchieri, aggiungere l'acqua, mescolare e servire. Aggiungere del ghiaccio prima di servire e gustare!

Valori nutrizionali per porzione: Kcal: 180, Proteine: 5,9 g, Carboidrati: 63,5 g, Grassi: 1,1 g

38. Succo di carote e limone

Ingredienti:

5 carote grandi, affettate

2 grandi limoni, pelati

1 mela verde grande, intera

1 tazza di lattuga romana

60 ml d'acqua

Preparazione:

Lavare le carote e tagliarle a fette spesse. Mettere da parte.

Sbucciare i limoni e tagliarli longitudinalmente a metà. Mettere da parte.

Sbucciare la mela e privarla del torsolo. Tagliarla in pezzi di piccole dimensioni e mettere da parte.

Lavare accuratamente la lattuga sotto acqua corrente fredda. Strappare le verdura a pezzi con le mani e mettere da parte.

A questo punto frullare le carote, la lattuga, il limone e la mela in uno spremitore. Versare nei bicchieri e aggiungere del ghiaccio prima di servire.

Gustare!

Valori nutrizionali per porzione: Kcal: 232, Proteine: 6,1 g, Carboidrati: 74,9 g, Grassi: 1,7 g

39. Succo di lime e guava

Ingredienti:

1 grande guava, sbucciata

1 lime grande, sbucciato

2 grandi arance sbucciate

1 cetriolo grande, affettato

60 ml d'acqua

Preparazione:

Sbucciare e lavare la guava. Tagliare in piccoli pezzi e mettere da parte.

Sbucciare il lime e tagliarlo per metà Mettere da parte.

Sbucciare le arance e dividerle in spicchi. Mettere da parte.

Lavare il cetriolo e tagliarlo a fettine sottili. Mettere da parte.

A questo punto unire il lime, la guava, l'arancia e il cetriolo in uno spremitore e frullare fino a ottenere un succo.

Trasferire in bicchieri, aggiungere l'acqua, mescolare e servire. Aggiungere un po' di ghiaccio e servire immediatamente.

Valori nutrizionali per porzione: Kcal: 210, Proteine: 7 g, Carboidrati: 65,7 g, Grassi: 1,3 g

40. Succo di limone e sedano

Ingredienti:

1 limone grande, sbucciato

1 tazza di sedano, tritato

1 tazza di menta fresca tritata

1 tazza di spinaci freschi tritati grossolanamente

60 ml d'acqua

Preparazione:

Sbucciare il limone e tagliarlo longitudinalmente a metà. Mettere da parte.

Lavare i gambi di sedano e tagliarli a pezzetti. Riempire la tazza misurino e mettere da parte.

Lavare gli spinaci e la menta in un colino. Tritare e mettere in una ciotola media. Mettere da parte.

A questo punto unire il limone, il sedano, la menta e gli spinaci in uno spremitore e frullare fino ad ottenere un succo. Versare in bicchieri, aggiungere l'acqua, mescolare e servire.

Conservare in frigorifero per 10 minuti prima di servire.

Valori nutrizionali per porzione: Kcal: 35, Proteine: 3,1 g, Carboidrati: 13,2 g, Grassi: 0,7 g

41. Succo di limone e basilico

Ingredienti:

4 cucchiai di basilico fresco tritato

1 limone grande, sbucciato

1 tazza di bietola, tritata

1 mela verde grande, intera

1 tazza di menta fresca tritata

60 ml d'acqua

Preparazione:

Unire basilico, bietole e menta in un grande colino. Lavare accuratamente sotto acqua corrente fredda. Tagliare a pezzi piccoli e mettere da parte.

Sbucciare il limone e tagliarlo longitudinalmente a metà.

Lavare la mela e tagliarla a metà. Rimuovere il torsolo e tagliarla in pezzi di dimensioni ridotte. Mettere da parte.

A questo punto, unire basilico, bietola, menta, limone e mela in uno spremitore e frullare fino ad ottenere un succo. Trasferire in bicchieri, aggiungere l'acqua, mescolare e servire.

Conservare in frigorifero per 10 minuti prima di servire.

Gustare!

Valori nutrizionali per porzione: Kcal: 126, Proteine: 3.9g, Carboidrati: 39.1g, Grassi: 1.1g

42. Succo di carota e ananas

Ingredienti:

1 tazza di pezzi di ananas

2 carote grandi, affettate

1 tazza di crescione, tagliato a pezzetti

1 lime grande, sbucciato

1 piccolo pezzo di zenzero, sbucciato

60 ml d'acqua

Preparazione:

Sbucciare l'ananas e tagliare a pezzetti. Mettere da parte.

Lavare e sbucciare le carote. Tagliare a fette sottili e mettere da parte.

Lavare accuratamente la rucola sotto acqua corrente fredda. Strappare le verdure a pezzi con le mani e mettere da parte.

Sbucciare il lime e tagliarlo per metà Mettere da parte.

Sbucciare lo zenzero e tagliarlo a pezzetti. Mettere da parte.

A questo punto unire l'ananas, le carote, il crescione, il limone e lo zenzero in uno spremitore e frullare fino ad ottenere un succo

Versare nei bicchieri e servire, aggiungere acqua

Aggiungere il ghiaccio e servire.

Valori nutrizionali per porzione: Kcal: 135, Proteine: 3,3 g, Carboidrati: 40,6 g, Grassi: 3,3 g

43. Succo di mela e arancia

Ingredienti:

3 grandi arance, sbucciate

1 mela verde grande, intera

1 tazza di asparagi freschi, tagliati

¼ cucchiaino di curcuma, macinato

60 ml d'acqua

Preparazione:

Sbucciare le arance e dividerle in spicchi. Mettere da parte.

Sbucciare la mela e privarla del torsolo. Tagliarla in pezzi di piccole dimensioni e mettere da parte.

Lavare accuratamente gli asparagi sotto l'acqua corrente fredda e tagliare le estremità legnose. Tagliare a pezzetti e mettere da parte.

A questo punto unire le arance, la mela e gli asparagi in uno spremitore e frullare fino ad ottenere un succo. Aggiungere curcuma e acqua nei bicchieri e servire

Conservare in frigorifero per 10 minuti prima di servire.

Valori nutrizionali per porzione: Kcal: 316, Proteine: 9.1g, Carboidrati: 98.1g, Grassi: 1.2g

44. Succo di kiwi e pompelmo

Ingredienti:

2 pompelmi grandi, pelati

1 kiwi grande, pelato

1 lime grande, sbucciato

2 gambi di sedano tritati

1 tazza di lattuga rossa tagliata a pezzi

60 ml d'acqua

Preparazione:

Sbucciare il pompelmo e dividerlo a spicchi. Mettere da parte.

Sbucciate il kiwi e il lime. Tagliare a metà e mettere da parte.

Lavare e tritare i gambi di sedano in piccoli pezzi. Mettere da parte.

Lavare accuratamente gli spinaci sotto l'acqua corrente fredda e tritarli grossolanamente. Mettere da parte.

A questo punto unire pompelmo, kiwi, sedano e lattuga in uno spremiagrumi e frullare fino ad ottenere un succo.

Versare nei bicchieri, aggiungere l'acqua, mescolare e servire. Servire immediatamente.

Valori nutrizionali per porzione: Kcal: 233, Proteine: 6 g, Carboidrati: 70,7 g, Grassi: 1,3 g

45. Succo di pera

Ingredienti:

2 tazze di barbabietole, tritate

1 pera grande, intera

1 peperone rosso grande

1 limone grande, sbucciato

1 piccola fetta di radice di zenzero, sbucciata

85 ml di acqua

Preparazione:

Lavare le barbabietole e tagliare le estremità verdi. Tagliare a pezzetti e riempire la tazza misurino. Conservare la verdura per qualche altro succo. Mettere da parte.

Lavare la pera e tagliarla a metà. Rimuovere il torsolo e tagliarla in pezzi di dimensioni ridotte. Mettere da parte.

Lavare il peperone e tagliarlo a metà. Rimuovere i semi e tagliarli a pezzetti. Mettere da parte.

Sbucciare il limone e tagliarlo longitudinalmente a metà. Mettere da parte.

Sbucciare la fetta di zenzero e tagliarla a metà. Mettere da parte.

A questo punto unire le barbabietole, la pera, il peperone, il limone e lo zenzero in uno spremitore. Frullare fino ad ottenere un succo, versare nei bicchieri e servire.

Versare l'acqua e aggiungere del ghiaccio prima di servire.

Gustare!

Valori nutrizionali per porzione: Kcal: 239, Proteine: 7,5 g, Carboidrati: 76,7 g, Grassi: 1,4 g

46. Succo di cavolo e porro

Ingredienti:

3 porri grandi, tritati

1 tazza di cavolo fresco tritato

1 tazza di broccoli, tritati

1 cetriolo grande, affettato

1 spicchio d'aglio sbucciato

1 cucchiaino di rosmarino fresco tritato finemente

60 ml d'acqua

Preparazione:

Lavare i porri e tagliarli a pezzi di dimensioni piccole. Mettere da parte.

Lavare accuratamente il cavolo sotto l'acqua corrente fredda e tagliarlo a pezzetti. Mettere da parte.

Lavare i broccoli e tagliarli a pezzetti. Riempire la tazza misurino e conservare il resto per un altro succo. Mettere da parte.

Lavare il cetriolo e tagliarlo a fettine sottili. Mettere da parte.

Sbucciare lo spicchio d'aglio e tagliarlo a metà. Mettere da parte.

A questo punto unire porri, cavoli, broccoli, cetrioli e aglio in uno spremitore. Frullare fino ad ottenere un succo.

Trasferire in bicchieri, aggiungere l'acqua, mescolare e servire. Puoi aggiungere un pizzico di sale, ma questo è facoltativo.

Servire immediatamente.

Valori nutrizionali per porzione: Kcal: 231, Proteine: 11,6 g, Carboidrati: 61,6 g, Grassi: 2,1 g

ALTRI TITOLI DELLO STESSO AUTORE

70 ricette efficaci per prevenire e risolvere il sovrappeso: bruciare il grasso velocemente usando una dieta adeguata e nutrendosi in maniera intelligente

di Joe Correa CSN

48 Ricette per risolvere l'acne: il percorso veloce e naturale per risolvere i problemi di acne in meno di 10 giorni!

di Joe Correa CSN

41 ricette per prevenire l'Alzheimer: ridurre o eliminare l'Alzheimer in 30 giorni o meno!

di Joe Correa CSN

70 ricette efficaci contro il cancro al seno: prevenire e combattere il cancro al seno con un'alimentazione intelligente e alimenti efficaci

di Joe Correa CSN

www.ingramcontent.com/pod-product-compliance
Lightning Source LLC
Chambersburg PA
CBHW030332080526
44584CB00012B/830